ZauberWorte für den Mut

Luise Rinser

ZauberWorte

für den mut

arsEdition

fischen

Was zählt,
ist unser
Mut zu leben.
Nicht der
Fisch zählt,
sondern die
erfahrung
beim Fischen.

Der Stein blüht.

Ich habe im Garten nur das Notwendigste an Pflastersteinen legen lassen
Zwischen den unregelmäßig gelegten
Steinen ganz schmale Spalten.
Sie füllten sich nach und nach mit
Flugsand und schienen lange Zeit
steinern leblos. Und Nun: da und
dort siedelt sich Grünes an: ein wenig
Moos, zarte Gras-Rispen, kleine Sterne
von Löwenzahnblättern, die Rosetten
von Gänseblümchen, die anfingen zu
blühen, dann ein paar winzige lila
Taubnesseln, dann etwas höhere

Gräser, und das alles zwischen den harten Steinplatten. Was für eine Kraft der kleinen Zarten und Schwachen, was für ein Drang zum Licht, was für eine unbesiegbare Hoffnung. Aus dem bißchen Sand und Erdkrumen zwischen den Steinplatten saugen sie die Kraft zu leben. Wie sie mich geschwisterlich rühren und wie sic ihre hoffNunG auf mich übertragen.

es gibt für die
krankheit, die
heisst, nur eine
andre lieben
was gutes
auf einmal, we
wozu
gut

seelen-
schwermut
medizin:

nd ihnen

tun; dann,

s man wieder,

nan lebt.

es

Ich gehe so vor mich hin, allein mit meiner Juli-Schwermut, und fühle mich ausgeliefert ans falsche Nichts, das selbst geschaffene. Da – ein leiser Flügelschlag nah bei mir, eine Amsel, sie hüpft aus dem Gebüsch und bleibt neben mir, sie begleitet mich eine ganze Weile, sie hält sogar, hüpfend, Schritt mit mir, angstlos Gefährtin, tröstende Begleiterin.

warum kamst du, warum bleibst du so lange an meiner Seite? Wer bist du, schwarzgeflügeltes Wesen? Erst am Ende des Weges lässt sie mich allein und schlüpft ins Gebüsch. Mir bleibt ein seltsames Gefühl von Tröstung. *Ich bin ja nicht allein.* Eine Amsel bringt mir die Botschaft von der Sympathie alles Seienden. Wenn wir nur immer begreifen würden! Wir alle, aus einem mythischen Paradies verstoßen, »liegen in Wehen« (Paulus) und sind einander gegeben als gefährtEN beim WartEN.

...echen

...ginnt früh,
...till und
gesammelt, er verspricht
viel, er verspricht *Stille*
und SAMMLUNG für die
Zeit seiner Dauer; ich weiß,
dass er sein Versprechen nicht
halten kann, nicht halten will,
und doch vertraue ich ihm,
weil ich vertrauen will.

heutE fürchte ich nichts,
heute zeige ich mich freimütig
schutzlos dem Tag, mache die
Demutsgebärde des angegriffenen
schwächeren Wolfs, zwinge den
Übermächtigen zur Großmut und
wagE *mich zu freuen*, weil der
Morgen frisch und bitter riecht,
weil der Himmel makellos ist, weil
eine späte rosa Nelke aufgeblüht ist

am schon verdorrenden Busch, weil ich den Tod nicht scheue, weil ich lebe, weil ich auf eine Art lebe, die nur ich weiß und kann, ein Leben unter Milliarden, aber das meine, das etwas sagt, was kein anderes sagen kann. *Das Ein-Malige* eines jeden Lebens. Es macht heiter zu wissen, dass jeder Recht hat mit sich selbst.

nun ist mein scheinbar krankes Orangenbäumchen doch nicht eingegangen. Eingegangen. *Eingehen*. Pflanzen können eingehen. Wohin? Heim, in die Große Mutter Natur. Was für eine Tiefe hat dies von uns so gedankenlos gebrauchte Wort.

Als mein Hund Vanno eingeschläfert werden musste, tröstete mich Ingeborg: »Wein nicht; er ist jetzt beim Großen Hund.« Eingehen. *Wieder-Eingehen ins Ganze*. In die Natur, in die Tierheit, in die Ur-Pflanze (anders vielleicht, als Goethe es meinte). Und der Mensch? Eingehen ins Licht, aus dem er hervorging. Der ewige Kreislauf. Auf- und untergehende Sonne. Heimkehr, Wiederkehr, erneute Heimkehr, erneute Wiederkehr.

WARUM TRÄNEN?

lieBE

wir stehen ratlos
im Chaos. Aber sind
wir Verlorene?
Sind wir nicht Gerettete,
wenn wir uns an die
einzige Sicherheit halten,
die uns der Gott der
lieBE bietet:
die Liebe zu allem Seienden
und das verTrAUen in
unser ewiges Selbst?

Ich erfahre wieder einmal, dass das Leben voller Wunder ist, wenn man sich öffnet. Freilich: man muss den magischen Schlüssel besitzen, er heißt: Interesse am Mitmenschen. Sympathie mit dem Menschen, mit dem man es gerade in diesem Augenblick zu tun hat:

mit dem Ober im Wiener Hotel »König
von Ungarn«. Der Frühstückskellner.
Wir reden von der *hoffnung*.
Ich gebe ihm *mein Zauberwort*,
das mir leben hilft: »Ich schöpfe
Wasser, ich trage Holz, wie wunderbar.«
Er will, dass ich es ihm aufschreibe.
Er sagt: »Jetzt gebe ich Ihnen mein
Zauberwort, es heißt: Ich habe geweint,
weil ich keine Schuhe habe, aber als
ich sah, dass der andere keine Füße
hat, weinte ich nicht mehr.«

Wählen

Mir wird heiß vor Liebe zur geschaffenen Welt, und dann wird mir kalt vor Angst, ich könnte eines Tages wählen müssen zwischen *Schöpfer* und *Geschöpf*. Ich gehe rasch weg von diesem Ort des Schreckens, an dem der Dornbusch brennt, ich laufe fast, ich entlaufe, entrinne mit knapper Not, und auf einmal fällt die Angst von mir ab und ich weiß: Ich wähle beides.

aLLE Lebe

GLAUBEN

SIE saGEN

einfach

ihre

WESEN
AN gott.
DAS
MIT
n dasein.

SEHEN

Zu sehen, dass es Leid
gibt in der Welt, muss
uns tief stören; aber es
muss uns auch erfahren
lassen, dass wir HELFEN
können, dass geholfen wird
(wenn auch unzulänglich)
und dass es also *Liebe* gibt,
die hilft, und *Hoffnung,*
die Hilfe erwartet.

schwer ist mirs
geworden zu lernen, dass
auch ich nicht erlösen,
nicht **ordnen** kann,
was hier auf Erden nicht
erlöst und geordnet werden
soll, und dass vieles bereits
geordnet ist, was ich für
Unordnung halte; war nicht

mein eigenes Leben genauso, schiens nicht von Verlust zu Verlust geschleudert zu werden, blindlings, ganz unbegreiflich, und jetzt sehe ich den Zusammenhang, das klare *Gesetz*, den strengen guten plan, und dass Gnade war, was Verlust schien.

was tun wir,
um unsere Trauer zu ordnen?
Ich kann dir nicht sagen,
was andere tun, ich kann
dir nur von mir berichten:
Ich suche den *Raum der
Stille*, ich lausche, warte,
ich höre endlich die QUELLE,

die Wasser, die mir bis zum Hals reichen, finden den Anschluss an die *ewigen Wasser*, und so wird denn schließlich alles gut, wie schlimm es auch äußerlich zugehen mag.

eiheit

DIE LIEBE DER TIERE:

Manifestation der Liebe,
welche alles Leben durchpulst.
Freilich: diese Liebe ist flüchtig
und *muss flüchtig* sein,
denn die Jungen müssen
sich von der Mutter lösen
und ihr Eigenleben führen.
Auch dies ist weltdurchdrin-
gendes Gesetz: Liebesbindung
muss gelöst werden, damit
Freiheit möglich ist.

Ich wage wieder einen tauchsprung de Vertrauen. Und siehe da: das Wasser trägt mich. Ich atme tief durch. Nenns wie du willst: ES *existiert*.

ES lebt in den Rosen, in den Amseln, in mir. Ich muss es nur sehen wollen, fühlen **WOLLEN**. Von mir hängts ab, ob es existiert, vielmehr: ob es wirksam existiert. Der Sinn ist nur erfahrbar, indem man hofft. Diese *Hoffnung*, die große schöpferische Kraft, welche Wirklichkeit zeugt.

kraft

Ich habe meine Unfreiheit zu meiner fREIheIT gemacht; großmütig und leichtsinnig überlasse ich mich einer *Führung*, die ihrerseits großmütig und leichtsinnig genug ist, mich an sehr langer Leine zu halten, sodass

der Platz, den ich im Umkreis
meines unsichtbaren Pflocks
abgrasen kann, beträchtlich ist,
und wenn ich das ein oder andere
Mal ausbrechen möchte und
plötzlich, ganz weit draußen,
spüre, wie der Strick sich strafft
und mich ins Bein schneidet, dann
bleibt mir die schönste aller Frei-
heiten: stolz liebend zu gehorchen.

ernen

Wer hat den Mut, sich sein Nest
auf einem Bahnsteig zu bauen,
irgendeinem, jeder ist gut genug,
jeder schenkt so viel Bergung wie
gerade notwendig ist. Aber wir
wollen *immer mehr* als das
gerade Notwendige, wir wollen
ein festes Haus der gewissheit,
bestehen hartköpfig auf Feuer- und
Diebstahlversicherung, so sind wir
und lernen fast nichts dazu.

wer (was)

darauf gibt es

dings keine

grundsätzlich

als jene des

da ist ein Baum

Was ist das

WER (WAS)

DARAUF GIBT ES

DINGS KEINE

grundsätzlich

ALS JENE DES

DA IST EIN Baum

WAS IST DAS

IST GOTT?
SCHLECHTER-
ANTWORT, DIE
ANDERS WÄRE
ZEN-MEISTERS:
TRINK TEE!
LEBEN?
LEBE!

ST GOTT?

SCHLECHTER-

antwort, die

ANDERS WÄRE

ZEN-MEISTERS:

trink tee!

leben?

Lebe!

danken

Wenn einem
zwischen vielen
Traurigkeiten
ein heller
augenblick
geschenkt
wird, soll man
dafür danken
und ihn
ergreifen.

Ich erinnere

Ich erinnere mich der
Geschichte eines alten
chinesischen weisen,
der nie sein Haus verließ,
jeden Staatsposten und jede
Ehrung ablehnte, jedes Geld-
geschenk zurückwies, kein
Buch schrieb, seinen Garten

pflegte, Fische fütterte und
zu dem die Menschen kamen
und ihn in ihren weltlichen
und geistigen Anliegen um
Rat fragten.

nich

Es zeigte sich,
dass der alte Weise, der nie
sein Dorf verlassen hatte und
nichts las, das Treiben der Welt
kannte und allen Besuchern
raten konnte. So lebte er sein
Leben. Er LEBTE es. Er lebte
glücklich. Er wusste *das große Geheimnis*.

Ich hoffe.

Der Satz gilt so, wie er da steht.
Er heißt nicht, ich hoffe, dass ..
Nicht einmal: ich hoffe auf ...
Er heißt einfach: Ich hoffe.

Ich

Das ist die Hoffnung des nicht festgelegten, des *lebendigen Menschen*, der dem Göttlichen Raum gibt, sich zu entfalten. Seien Sie sicher: meine Hoffnung ist genau so bedroht wie die Ihre, genau so nahe der Verzweiflung. Hoffnung ist eben der BALANCE-akt auf dem hohen Seil ohne Netz. Aber Seiltanzen ist *schön*.

auben

Wenn wir nur daran
glaubten, dass der Geist
stärker ist als Waffen!
Wir glaubens nicht, das
ist das Zeichen unserer
Dekadenz, das ist unser
Untergang – wenn wir nicht
im letzten Augenblick den
MUT ZUM GLAUBEN
an die weltverwandelnde
Kraft des Geistes finden.

HOFFEN

Wenn Lieben
wesentlich
Hoffen ist,
dann heißt
die Welt lieben:
für diese Welt
hoffen, dass
sie gerettet sei,
so wie sie ist.

Die

»Rose, oh reiner Widerspruch.«

Das stammt von Rilke.

Widerspruch wogegen?

Dass es die Rose gibt, widerspricht allen Formen von Pessimismus und Nihilismus.

»Rose, oh reiner Widerspruch.«

Könnte wie ein zen-buddhistisches Koan meditiert werden.

rose

So auch Goethe im »Divan«:

»Unmöglich scheint immer die Rose.«

Jetzt denke ich: dass unsere

geschändete, vergiftete Erde uns

immer noch Rosen schenkt!

Diese unendliche GEDULD.

Diese unendliche hoffNung.

nade

Wisst ihr denn nicht,
dass Freiheit Gnade ist,
dass ihr Gnade braucht,
um Freiheit als Freiheit zu
erkennen, dass Gnade frei
macht, dass man *Gnade*
nur in *Freiheit* annehmen
kann und dass ihr beides
verliert, wenn ihr es
getrennt zu denken wagt.

Freiheit

Es bewegt mich

zu haben, wir

sich wandelt

nichts als

Etwas wir

damit

Wand

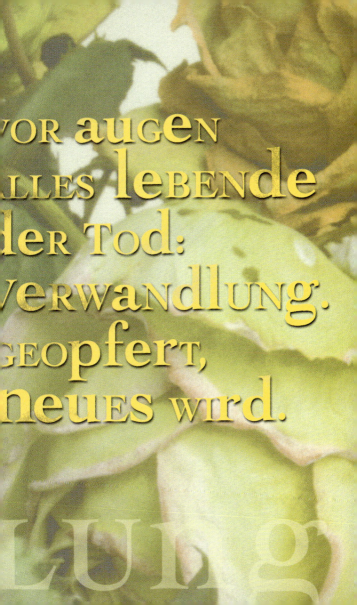

vor augen
alles lebende
der Tod:
Verwandlung.
Geopfert,
Neues wird.

was ist

Was ist Wahrheit. Niemand weiß es. Niemand weiß etwas andres als ein Kind weiß. Die Wahrheit ist: Ich bin DA und lebe *im Augenblick*. Um diese Wahrheit zu finden, gibt es hundert Wege, Umwege, Irrwege und hundert Antworten

wahrheit

Und doch gibt es nur die eine einzige: »Ich bin DA, weil ich da bin, und mein DA-Sein ist die Antwort auf die Frage nach dem Sinn. Ich bin, weil ich bin.« *Das ist die einzig wahre Wahrheit.*

Summe

Bei einem jeden von uns ist die SUMME der Leiden und Freuden am Ende immer gleich.

Luise Rinser

»Indem ich lebe und mich einsetze, weiß ich den Sinn. Leben und Einsatz sind Sinn genug. Wer leidenschaftlich verliebt ist, fragt nicht nach dem Sinn, er lebt ihn. Meine Liebe zum Leben ist mir die Antwort auf die Sinn-Frage.«

Anschrift:

Luise Rinser-Stiftung
Clemensstr. 8
80803 München
Internet: http://www.rinser.org
e-mail: stiftung@rinser.org

Bankverbindung:
Luise Rinser-Stiftung
HypoVereinsbank München
BLZ 70020270
Konto-Nr. 52062640

Luise Rinser-Stiftung

Die **Luise Rinser-Stiftung** sieht es als ihre Haupt-
aufgabe an, Menschen aller Sprachen, Nationen und
Glaubensrichtungen zusammenzuführen, um das
Bewusstsein der Einheit zu stärken und damit den
Frieden zu fördern.
Sie versteht sich als Bestandteil eines überterrito-
rialen Netzwerks aller Personen und Organisationen,
die sich ihrer Verantwortung für die geistige
Entwicklung der Gesellschaft bewusst sind.

Ihre wichtigsten Ziele sind:

- Zusammenarbeit mit Personen und Organisationen
  in aller Welt, die gleiche Ziele verfolgen

- Unterstützung verfolgter Schriftsteller in aller Welt

- Einsatz für die Gleichberechtigung der Frau

- Förderung von besonders wichtigen Projekten
  humanitärer Art

Die Luise Rinser-Stiftung wird, soweit es ihre finanziellen
Mittel zulassen, einen Preis an Personen, Gruppen oder
Organisationen verleihen, die sich in beispielhafter Weise
für diese Ziele einsetzen.
Die Luise Rinser-Stiftung ist von der Regierung von
Oberbayern genehmigt und als gemeinnützig anerkannt.

Die Texte wurden folgenden Werken
von Luise Rinser entnommen:

Septembertag, © S. Fischer Verlag, Frankfurt/Main 1964
Hochzeit der Widersprüche, © Luise Rinser
Winterfrühling, © S. Fischer Verlag, Frankfurt/Main 1982
Im Dunkeln singen, © S. Fischer Verlag, Frankfurt/Main 1985
An den Frieden glauben, Über Literatur, Politik, Religion;
    hrsg. von Rüdiger Schwab, © S. Fischer Verlag,
    Frankfurt/Main 1990
Wir Heimatlosen, © S. Fischer Verlag, Frankfurt/Main 1992
Kunst des Schattenspiels, © S. Fischer Verlag, Frankfurt/Main 1997

Die Auswahl besorgten Hans Christian Meiser
und Christoph Rinser.

Die Reihe »Zauberworte« wird von
Hans Christian Meiser herausgegeben.

Copyright © 2002 arsEdition, München
Alle Rechte vorbehalten
Design: Greenstuff, Iris & Jochen Grün, München
Fotos: Jochen Grün, München
Redaktion: Isabelle Fuchs

ISBN 3-7607-1905-8

www.arsedition.de